커서

2022

커 서

배인숙 시집

사의재

시인의 말

시가 나를 병들게 하고
시가 나를 치유한다

시를 쓴다는 것이
더러는 세상에
소음을 더하는 일이기도 하고

더러는 세상에
쉼표를 더하는 일 같다

2022년 봄
유달산 아래에서
배인숙

차례

커서

시인의 말

1부

시집 13
좋아요 14
행복한 하루 15
국회의원 면책 특권 16
50억 클럽 17
닮음 꼴 찾기 18
장애인 전용 주차 20
다이소와 천냥 21
커서 22
홍시 23
대기실 24
갇힌 물 26
동백 27
12월 28
바람 없는 날 29

2부

연필 33
입장 차이 36
만조 38
그믐 39
어떤 이별 40
황금벨트 41
인공 발아 42
사기(詐欺) 43
하늘 위에 오선 44
이팝나무 45
보리마당- 계단 오르기 46
깃발을 흔들며 47
love story 48
붉은 1분 49
참 빨랐죠. 순이 이모는…… 50

3부

흔적지우기 57
그물 줍는 여자 58
서도역 60
어머니 나무 62
기부 64

목포역전 별다방 미쓰김 66

부조 68

보부아르처럼 늙어 가는 법 70

검은 봉다리의 비밀 72

비 73

우산 74

할머니집 76

수장(水葬)　77

죽로차 78

째즈 콘서트 79

4부

참새 카페 83

아버지 84

북항 85

풋감 86

꽃의 전생 87

고향은 없다 88

프랑켄슈타인 89

백년보다 긴 하루 90

카톡 홍수 92

관계 94

소슬바람 96

철학 97

님이 오시는지 98

기도 99

팽목댁 100

섬 102

1부

시집

세상에 쉼표 + 1

세상에 소음 + 1

좋아요

하트를 누르던 손가락이 긴 방황을 한다

페이스북에 좋아요 500번 누르면
AI가 나보다 나를 더 잘 알게 된다

화사한 꽃무늬 원피스를 고르면
"띵동,
그건 당신 성향이 아닙니다.
당신은 충동구매를 하려고 합니다"

달달한 달고나라떼를 주문하면
"띵동,
당 수치가 올라갑니다. 당뇨병에 몹시 해롭습니다"

나보다 나를 잘 알고 통제하는 당신
연인이라면 행복할까

내 마음을 들키지 않으려
좋아요 앞에서 내 마음은 방황 중

행복한 하루

1시간 9160원
컵라면 1000원
퇴직금 50억
사이다 1+1 하나 드실래요

정서는 날씬하게
감각은 세련되게
사유는 낯설게
원고료는 책으로 받아가세요

보험료 자동이체
손난로 500원
보험금 50억
사망수익자 난에 이름 쓰고 가세요

월급은 바람처럼 스쳐가고
봄은 실눈을 뜨고 온다

국회의원 면책 특권

개콘
막말 대잔치

웃기면 대박
못 웃기면 쪽박

말 한 사람은 없고
말만 남아
산을 넘기도 하고
바다를 만나면 침몰한다

* 개콘: 개그 콘테스트

50억 클럽

5천원이면 컵밥에
편의점 커피 한잔 할 수 있다

5만원이면 편의점 하루 알바비
식사는 폐기로 할 수 있는 특권이 있다

5억이면 아파트 한 채 사고 차도 한 대 뽑고
결혼해서 애도 낳고 행복 할 수 있을 것 같다

50억이면
50억이면
얼마 만큼인지 수로도 양으로도 상상이 안 가지만
아버지를 잘 두면 가질 수 있다

피를 타고 흐르는 돈
내 피는 홀로 고독하다

닮음 꼴 찾기

왜요?

첫기선을 잘 잡아야 한다
이걸 놓치면
탈탈 털린다

보랏빛 제비꽃을 좋아하시나요?
저도 좋아요
새벽 비를 좋아하시나요?
새벽 비에 빠져 아메리카노를 마시다가 지각했어요
그래도 그날은 하루 종일 행복했어요
새벽에 그렇게 조용히 비가 내리는 날은 별로 없잖아요

고향은 어디지요?
학교는 어디지요?
부모님은 무얼 하시나요?
닮음꼴을 찾기 위한 학연 지연 혈연을 물어오면
왜요 라고 대답하면 되요

저는 엉덩이로 불을 밝히는 반딧불이를 좋아해요
당신도 반딧불이를 좋아하나요?

개똥벌레라고도 한데요

장애인 전용 주차

씩씩 거리며 도착한 주차장은 만원
마술이라도 부려 차를 작게 만들어 주머니에 쏙 넣을 수도
  없고
머리에 이고 있을 수도 없고
길 잃은 하이에나처럼 빈자리를 찾아 헤매다가
애매하게 비겁을 낳는다

나도 다리 아픈데
누구는 애 안 낳아 봤나
왜 차별 하냐고
또
또
또
마음의 장애가 얼마나 큰데

주차할 틈을 찾지 못해 서성이며
합리적인 비겁을 되새김질하다
바쁘게 빠져 나가는 차에 빈자리를 발견하고
합리적인 이타심에 슬쩍 한 표를 던지고
가난한 정의를 주차한다

다이소와 천냥

수세미가 떨어져 천냥에 갔다
4개 한 묶음이 1400원이다
다이소에서는 1000원 인데
마음을 쩝쩝 거리며 장바구니에 넣는다

몹쓸 놈의 관절염 땜에
다이소에는 수세미가 3층에 있다
천냥에는 1층에 있다
다이소엔 엘리베이터가 없다
400원은 팍팍한 무릎을 짚고 오르는 노동의 보상일까

문득 의자가 생각나는 이유가 뭘까
의자 바닥을 다독이며
여기 앉으라고 웃는 사람
코끝이 시큰해지고 눈이 빨갛게 충열된다

어디 만큼 왔나
당당 멀었다
어디만큼 왔나
당당 멀었다

커서

밤새 내린 눈으로 세상이 하얗게 변했다
콩콩콩 발자국을 찍어 볼까 하다가
잠시 멈춘다

톡톡톡 찍어 보라고 커서가 유혹하지만
한발 내딛기가 쉽지 않다

순백의 벌판에서 심장박동
멈출 줄 모르는 컴퓨터의 맥박
하지만 당신을 향한 내 마음은 살얼음판

한 발짝 전진하지도 후진하지도 못한 채
눈만 깜박이고 있다

홍시

달빛 받은 감나무에는
꽃등인냥
저 만치
빨간 홍시가 열려있다

무던히도 홍시를 좋아하시던 아버지
비싸지도 않은 것을
철철이 챙겨드리지 못 하다가
왠지 다음 가을 뵙지 못 할 것 같은 불효한 맘에
보내드린 홍시 한 박스

세월을 아끼듯
아껴서 드시고 아버지는 그 해 겨울
총총히 떠나셨다

대기실

불합리성이 자리 잡는 순간이다
기다림이라는 비활동성에 참여할 목적을 위해 지어진
공간 안내서를 만지작거리며 짧은 한숨을 쉰다
발가락을 까닥여 보기도하고 주의를 둘러보다
어느 시인의 시화에 눈을 맞춘다

이 짧은 시간에 무엇을 하지
의미 있는 무언가를 하기에는 너무 짧지만
눈 깜박거리며 기다리기엔 너무 길다
10분은 별거 아니라고 생각하지만 손바닥이 촉촉해진다

10분은 10시간이 되고 또 10달이 되어
어머니 뱃속에서 기다림으로 흐른다
고개를 들어 마주친 눈에 어색한 미소를 지어보낸다
어느 정도의 연대감이 형성되는 듯하지만 길지 않다

같은 곳을 바라보지만 마주치면 머쓱해지는 공간
같은 목적과 같은 바람으로 연대해 있지만
불안을 품고 호명되기를 기다리는 동안
나는 점점 커지기도하고 점처럼 작아지기도 한다

조급함을 누르며 외투의 보푸라기를 떼어내고
손을 비비는 동안 줄은 짧아져 있다
시간을 인내하며 조급함을 달래보지만
무언가를 누군가를 기다리면서
온전히 기다림의 시간을 보낼 줄 몰랐던 스스로를
인간은 불완전한 자아를 지녔다는 합리화에 비겁하게 편승
 한다

이름이 호명되는 순간
조급함은 해소 되지만
또 다른 기다림을 주문 받는다

갇힌 물

물이 몸을 뒤척이며
흘러넘치는 꿈을 꾸었다
뒤척일 때마다
포실포실한 웃음소리가 피어올랐다

빗방울이 떨어지면
바짝바짝 기지개를 키우며 뜀박질할 채비를 한다
작은 뿌리 하나를 적시며
작은 바위틈 이끼를 만날 생각에
수줍은 미소를 짓다가 어느새 퐁퐁 솟아
바위틈을 지나며 돌고 돌아 흘렀지

절벽을 만나면 바짝 움추렸다
첨벙 뛰어들어 폭포수가 되었지

바다로 흘러 수평선에 닿으면
하늘을 만나 구름이 되었지

동백

화무십일홍
화양연화
꽃이 아닌들 견디었을까

바람에 베어지기 전 스스로
낙화하는 백제 궁녀들
눈밭은 피보다 붉다

붉은 숨 남아 눈 먼 골짜기 해빙하고
조금 그리워하고
조금 서러워도
봄을 공양하며 댕기 끝에 붉게 물든다

12월

거리마다 딸랑딸랑 종이 울린다

삶에 지쳐 숭숭 털 빠진 머리에도
세상물정 모르고 참새처럼 조잘거리는 아이들의 이마에도
숙맥 같은 그림자로 남아 있는 소녀의 손등에도
흑백사진처럼 정지해 있는 12월

축복 같은 종소리가 딸랑딸랑 울린다

예수님은 아직 안 왔다고 썰매를 타는 아이들
삼사오오 모여든 노인들은 화톳불을 전구처럼 밝히고
한 쌍의 연인은 눈 속으로 풍덩 뛰어든다

기도 같은 종소리가 딸랑딸랑 울린다

저마다의 소리로 눈 위에 시를 쓰는 저녁
처마밑에 대롱대롱 달린 시는 노래가 되어
종소리 울려 종소리 울려 골목마다 딸랑딸랑

바람 없는 날

처마밑
옥수숫대
바람에 야위어가고

빈 역에 밤은 깊어
밝은 달 홀로 시려

그리움 견디는 사랑 눈처럼 시리다

2부

연필

페이스북에 동화작가 박지숙님이 『격정을 울려라』를 꽉 박아
연필을 만들었다고 올렸다
사각사각 연필을 깎는 소리가 들리는 듯하다
아! 구수한 마른나무 냄새가 코끝에 감돈다

『내 영혼이 따뜻했던 날들』을 읽는다
할아버지는 새벽에 일찍 일어나면 산꼭대기까지 데리고 가겠다고 하셨다
그러나 깨워주겠다고 하시지 않았다
남자란 아침이 되면 모름지기 제 힘으로 일어나야 하는 거야
그렇지만 할아버지는 자리에서 일어나신 후로 여러 가지 시끄러운 소리를 내셨다
내 방 벽에 쿵하고 부딪치기도 하시고
유난스레 큰 소리로 할머니에게 말을 걸기도 하셨다
사실 나는 그 소리 때문에 눈을 뜬 것이다
덕분에 한 발 먼저 밖으로 나간 나는 개들과 함께 어둠속에 서서 할아버지를
기다릴 수 있었다
아니 벌써 나와 있었구나

할아버지는 놀랍다는 얼굴로 말했다

다섯 살 아이를 키우는 내 모습은 어땠을까
밑줄을 그어 놓아야겠다는 생각에 연필을 찾는다
걱정을 울리라는 말 대신 땅끝순례문학관이 꽉 박힌 연필을 깎는다
사그락사그락 신문지 한 켠에 나무의 살들이 눈처럼 내려앉는다
조심스레 검은 선을 그어 본다
연필이 색색 숨소리를 내며 글자들을 따라간다.

아이가 초등학교에 입학했을 때 나는 대부분 연필을 칼로 깎아 주었다
연필을 깎는 것을 즐기기도 했지만 연필 깎는 기계가 연필을 너무 많이 깎아
연필이 너무 빨리 닳아지기도 했고 더러는 너무 날카로운 것이 싫었다

나는 연필의 날카로움은 외면했지만
나는 날카로운 엄마였던 것 같아 미안하다
좀 더 기다려 줄 걸

그때 나는 뭐가 그렇게 늘 바빴을까

입장 차이

-어째 내가 누르면 올라와서는 문을 열었다 닫었다 했싼다냐?
-뭐가요?
-엘리베이터 말이다 니가 누르면 올라와서는 문 딱 닫고 내려가는디
 내가 누르면 문을 열었다 닫었다 해 싸는 것이 늙었다고 무시한가 싶어
겁나게 서운할 때가 있어야

무슨 말인지 이해가 안 가 피식 웃어넘기다
엄마랑 엘리베이터를 다시 타는 일이 생겼다.
엄마는 엘리베이터 올라오는 버튼을 눌렀다
-어, 왜 그 버튼을 눌러
-내려갈랑께 올라 오라고 눌렀다
나는 비로소 문이 왜 열렸다 닫혔다를 반복하는지 알 수 있었다

-엄마는 내려가야 되니까 내려가는 버튼을 누르면 문 딱 닫고 내려갈 거예요
-엘리베이터가 올라와야 내려가는디 왜 내려가는 것을 누른다냐

-사람 편하라고 만들어져서 그래요
-그런다냐. 그래도 어째 미안하다야

만조

바다도 가을을 타는지
유달산에서 보는 바다 한 구석이 휑하다
아버지는 바다를 등지고 모로 누워도
파도는 철부지 막둥이처럼 찰싹찰싹 등을 두드린다

나 보다 바다랑 친한 아버지
눈 감고 그르렁그르렁
가쁜 숨 몰아내듯
바다를 몰아내면
바다는 쑤욱 물러났다
어느새 발목을 적신다

바다보다 육지에서 멀미한다는
아버지의 말씀이 남아
뱃전의 깃발처럼 나부끼고
가고 없는 자들을 위해 만조를 이룬다

그믐

겨울 새벽을 휘감은 어둠
단잠에 빠진 뱃머리가 깨기도 전에
서리 앉은 밧줄을 풀고
빈 배를 끌어들이면
화랑게는 숨느라 부산하고
놀란 고둥이 잠결에 또르르 굴러 떨어진다

살얼음 낀 수평선
통통배 긴 하품을 하며 몸을 뒤척이고
부지런도 달갑지 않다 타박해도
귀전으로 넘길밖에
그믐달 내려앉은 바다에 비손하고
파닥파닥 그물을 끌어올린다

어떤 이별

애인과 헤어지고
새벽문 열고 들어서니
남편은 고양이마냥 킁킁대며 알콜 냄새를 맡다가
액자 속 생선을 쳐다보고는
동그랗게 등을 말고 잔다

몸뚱이를 타고 들어오는 싸한 한기에
고개를 드니 작은 아이가 유령처럼 서 있다
씽크대 안이 깨끗한 걸 보니
아이 속도 깨끗한 모양이다
축 늘어진 어깨를 하고는 기도처럼
양식을 암송하면서 잠을 청한다

나는 밤을 잃어버려서 새벽을 밤처럼 울었다

황금벨트

발 디딜 곳 어디든 숨이 깃들지 않는 곳이 없다

흔들바위 밑에 깃들어 사는 시인은
비와 소주를 섞어 마시며 지역신문 구석 부고란을 생각했다

문화란에 시 한 줄 못 내본 시인이
소주잔처럼 비틀거리다
흔들바위처럼 흔들렸다

쨍하고 해가 뜨던 날
문화란에
부고란에
같은 날 이름이 올랐다
아멘
주여 뜻대로 하소서

흔들바위는 권투 챔피언마냥
시멘트벨트를 두르고
노랗게 황금칠을 했다

'흔들지 마시오 접근 금지'

인공 발아

신을 대신해 잠든 씨앗을 깨운다
배반의 윤리들이 정의라는 이름을 달고
최적의 합리화를 역설한다
알에서 깨어난 생명들이 무참히 베이는 일이
불평등의 불평등을 낳고 평등을 만들어 낸다
남근을 제거해 인구를 억제한 마오리족
최후의 수단이 최고의 결과로 묻힌다

우리 모두는 기소되지 않은 공범자들이다
침묵하자는 무언의 모의가 있었다
컨베이어 벨트가 쉴 새 없이 돌아가는 동안
신의 가면을 쓰고 시간의 낭비를 질책하고
익숙함이 마비를 낳는다

가능하지만 가능하지 않다

사기(詐欺)

시라는 게 별건가요
느낌을 솔직담백하게 쓰면 되요

은유와 직유도 한번 사용해 보세요
원관념과 보조관념은 멀수록 좋아요
근친상간은 돼지꼬리를 만들 수 있다는 걸 염두에 두시고요

기차가 지구의 등을 긁어 준다고
의인화를 시켜 보면 어때요
좀 식상하긴 하지만요

그럼 약간의 절제와 오감을 이용해보세요
푸른 고독 하얀 종소리 말 많은 침묵 같은

세상에 새로운 것은 없다고 하잖아요
ctrl+X ctrl+C ctrl+V

어때요 참 쉽죠
시가 한편 뚝딱 나왔어요

하늘 위에 오선

전봇대가 하늘에 그려놓은 오선에서
콩나물 같은 음표들이 춤을 춘다
쿵짝짝 쿵짝짝 왈츠리듬에 맞춰 줄은 더 팽팽해진다

자고 나면 토실토실 살이 오른 음표들은
단풍보다 붉은 빛으로 하늘을 물들인다
붕어빵도 살이 올라 퇴근길이 따뜻하다

소슬바람 한 점에 야윈 음표들이
코로나로 후드득 떨어진다
팽팽했던 오선은 허리를 길게 늘어뜨리고
초승달에 몸을 기대고 있다

눌러 쓴 마스크사이로 흘러나온 재치기에 놀라 뒷걸음치다
풀썩 주저앉은 아스팔트
민들레 하나 노랗게 웃는다

이팝나무

배고파서 자꾸 쳐다본다
고봉 쌀밥 한 그릇
쳐다볼수록 배는 더 고프고
보릿고개는 길기만 하다

그리워서 자꾸 쳐다본다
꾹꾹 눌러 산처럼 쌓인 쌀밥
먹어도 먹어도 줄지 않는 밥그릇
안 먹어도 줄어드는 어머니 밥그릇

배불러도 자꾸 쳐다본다
흰 수건 둘러 쓴 어머니 같은 꽃

보리마당 - 계단 오르기

가위바위보 가위바위보
가위는 다섯 계단
보는 열 계단
바위는 스무 계단

엄마를 기다리다 치친 막내둥이와
이긴 만큼 계단 오르기 시합
다섯 살 배기 막내둥이는
연신 바위만 내고
약바른 둘째는 연신 보만 내는 시합
막내둥이 눈에 눈물이 그렁그렁
둘째가 슬쩍 내민 가위에
햇살 먹은 꽃처럼 벙그러지는 막내둥이 환한 미소

햐~
짭조름한 해풍에 몸이 가벼워지는 마당
신작로에 어머니의 빨간 고무다라이가 보인다
팔다 남은 생선들은 탕이 되고 구이가 되고
간짓대에 걸린 건정이 바다를 슬쩍 넘본다

깃발을 흔들며

차창은 뿌옇게 흐려졌다
어떤 눈은 가지를 찾아 앉고
어떤 눈은 떠나보내기 아쉬운 듯 차창에 기대어
눈물로 흘려 내렸다
호각을 불며 깃발을 흔들 때 마다
기수의 눈은 붉게 충혈되었다
보내는 아픔은 익숙함으로 적응되지 못하고
더 단단한 옹이로 남는다

저녁이면 검게 물든 절망들이 내려가고
새벽이면 노란경고가 발판을 딛고 올라와
삿포로 맥주 거품처럼 부드럽고 풍부하게 흘렀다
앞으로만 뻗어가는 빛과 어둠의 세계를 골똘히 바라본다
하나둘 등불처럼 꺼져가는 폐광의 불빛들
아이들은 울면서 마을을 떠나고
차마 울지 못한 어깨는 아이들을 다독였다

경적을 울려라
경적을 울려
한번은 살아남은 이를 위해
한번은 죽은 자를 위해
극락왕생

Love Story

들여쓰기하지 마세요
첫눈에 반하긴 했지만 시작은 늘 조심스러워요

행갈이하지 마세요
그녀의 눈빛이 흔들리고 있어요

연나누기하지 마세요
헤어질 것 같아요 라면을 먹었어야 했어요

탈고하지 마세요
그녀에게서 카톡이 왔어요 열어 보기가 쉽지 않아요

퇴고하지 마세요
결혼은 전쟁의 시작이잖아요

붉은 1분

그녀는 붉은 신호등 앞에 발걸음을 멈추고
핸드백을 정리한다

출근길까지 따라 나온 관리비 고지서를
밑바닥으로 쑥 밀어넣는다

파우치에서 빠져 나간
입술하나 눈썹하나를 찾아 넣고 지퍼를 닫는다

쇼윈도 전신 거울을 슬쩍 훔쳐보며
옷매무새를 가다듬고

립스틱이 잘 밀착되도록
윗입술과 아랫입술을 밀어 올려준다

네일아트 받은 손톱 열 개를 점검하고
허리와 가슴을 쭉 편다

푸른 불이 켜지고 횡단보도를 건너는
그녀는 당당한 커리어 우먼

참 빨랐죠 순이 이모는……

참 빨랐죠
순이 이모는

이모라고 편드는 게 아니에요

이모 빠른 거야
그 섬사람들은 다 알았죠

섬에서
파마도 맨 처음 했고
윤복희 미니스커트도
제일 먼저 따라 입었으니까

천당 가는 것도 빨라서
9남매 중에 제일 먼저
돌아가셨죠
박복한 팔자 탓인지

목포 장미다방에서
맞선 보던 날
서양 사람들은 블랙커피 마신다고

설탕도 프림도 안 넣고 마시더니
잠 한숨 못 자고 밤을 꼴깍 세웠죠

선 본 남자를 만난다며
새벽 객선을 타고
뻔질 나게 왔다 갔다 하더니
취직했다며
목포에 눌러 살다
설에 집에 왔는데요

글쎄
배가 유달산만 해져서
돌아왔지 뭐예요
할아버지의 부지깽이는
이 소령의 쌍절봉마냥
지붕 위를 날아다니고
할머니는 진정하라며
할아버지 쫓아다니고
난리도 그런 난리가 없었다니까요

할머니는 이모 손을 잡고

포목점에 가서
한복을 해 입히고
사주단자를 보내고
함진아비를 보내고
앞뒤가 바꿔지니까
모든 것이 바꿔져서
며칠 만에 후딱 결혼식 치루고 나니
이게 모두 이모의
운명이구나 싶었죠

부끄러워서
고개를 들고 다닐 수가 없다고
할아버지는 한 숨만
푹푹 쉬시고
할머니는 정개 앉아
할아버지 눈치만 살살 보고

그런데 외아들에게 시집간 이모가
아들 쌍둥이를 쑥쑥 낳았어요
그때부터 할아버지는 뒷짐을 지고
동네를 돌아다니며

우리 순이가 참 빠르긴 혀
허허허

설날을 통째로 넘어뜨린
어마어마한 이모의 결혼식은 끝났지만

목포에서 제일 먼저 여자 통장이 되더니
시의원에 출마한다고 다니더니

하늘이 파란 11월
단풍놀이 가서는
홍어에 막걸리를 거나하게 마시고
불쾌해져서는
유신이니 독재니 하다가
시의원 후보에도 못 올랐지요
너무 앞질러 간 탓에
의원으로 출세는 못 했지만
하고 싶은 말은 시원하게
다 뱉고 가셨죠

덕분에

민주투사라는 말도 들었지만
가정용으로
딱 좋으셨지
국가적으로 출세하기는 힘드셨죠

* 참 빨랐지 그 양반: 이정록 시인 시 패러디입니다

3부

흔적 지우기

아파트 출입문을 열고 나온 그녀는
주황색 형광원피스 입고 있었다
까만 승용차 옆에 다가서서 무심히 주변을 두리번거렸다

머리를 숙여 두더지처럼 발로 땅을 파더니
움푹 파인 땅속에 폐 깊은 곳에서
들끓고 있던 미련을 끌어 올려 소리 없이 묻었다

그녀가 피워 낸 마른 담배연기는 날아오르지 못하고
그녀의 손사래에 사그라진다
그녀는 그렇게 자신을 풀었다 조였다를 반복했다

세 번을 깊게 들이 마시고
세 번은 길게 품어 내고
남은 일곱 번은
땅속에 묻고 일어섰다

그물 줍는 여자

보리마당에서 내려다보이는 부두는 한산하다
고깃배들은 지키지 못할 만선을 약속하고
깃발을 펄럭이며 바다로 떠나고
따라 나서지 못한 그물은 병자처럼 길게 누워있다
헤지고 닳아서 누더기가 된 그물을 줍는 여자

산 넘어 푸른 바다를 골똘하게 쳐다보다
한 점의 움직임 없이 그물을 줍는다
한 가닥 한 가닥 기울 때마다
파닥파닥 살아 있는 비린 것들의 싱싱함이
푸르게 푸르게 밀려온다

시퍼렇게 날을 세우며 달려들던 것들이 온전히 죽지 못해
찢겨져 엉킨 그물 속
도막난 육신들이 햇볕에 말라 부스러진다
머릿수건을 벗어 채찍처럼 몸을 떨어내는 여자

고시래 고시래
막걸리 한 사발 들이켠 얼굴이 노을처럼 붉다
속성이 같은 것끼리 부딪치면 쇳소리가 난다고
한때 뜨겁게 사내를 품었던 여자가

바다의 모든 것을 끌어안았던 그물의 기억들을 줍는다

다시 한 번 풍성하게 바다를 건져 낼 날들을
더듬으며 조금을 기다린다
상처 난 것들은 하나둘 날개를 달기 시작한다.
찢겨진 기억들은 육지에 두고 떠나라
아무리 등을 돌려도 어느새 제자리로 돌아왔던
모진 인생의 수레바퀴는 부숴버리고
훠이훠이 멀리 떠나라

* 줍다: '깁다'의 방언.

서도역

아이의 손을 잡고
쪼그리고 앉은 대합실
추위마저 얼어 있다
핏기 없는 겨울밤처럼 쿨럭이는
아이 기침소리에 톱밥 한줌을 뿌려놓으니
빨간 불씨가 확 달아올랐다 흩어져
눈이 되어 내린다

녹슨 철길 기차가 끊긴 지 두어 해
아이는 손도장을 찍고 떠난
제 아비를 기다리며
낮보다 긴 밤을 보챈다

사랑하는 사람과 손을 잡고 걸었던 길은
송이 눈에 가려 보이지 않고
철없는 아이의 손을 잡고
오지 않을 사람을 기다리며
더러는 용서하고
더러는 잊어버렸다가
꿈꾸는 아이가 부르는 지아비의 이름을
따라 불러 보기도 한다

그리웠던 순간보다
침묵해야 할 시간을 운명처럼 끌어안고
뒤척이는 아이를 다독이는 겨울밤
바람은 쉼 없이 사립문을 흔들고 있다

어머니 나무

세상에는 참 많은 사랑이 있습니다
이른 새벽 유모차를 끌고 좁은 골목 전봇대 밑
자식을 안아 올리듯 양식을 줍는 어머니가 있습니다
세상을 버린 자식에게 세상에 버려진 것들을 모아
밥을 짓는 어머니의 손끝에는 밥알 같은 하얀 기도가 있습
   니다

굽은 허리 가까스로 올려다보는 하늘에는
모양도 향기도 없는 어머니의 나무가 자라고 있습니다
물을 주고 지지대를 세워주어도 이름을 갖지 못한 나무가
어느 날인가 푸른 잎을 달고 연분홍 꽃을 피울 거라는 믿음
   나무

자식보다 오래 살고 싶은 욕심 많은 어머니가 있습니다
먼저 간 자식은 가슴에 묻는다고 하지만 성치 못한 자식을
가슴에 묻기 위해 한 세기를 견디는 어머니

파랗게 익은 청보리를 쓰다듬으며 복사꽃처럼 웃으시던 어
   머니
새벽달을 이고 갔다 저녁달을 이고 돌아오시던 어머니

가장 높은 곳에서 비가 되어
아래로 아래로 가장 낮은 곳까지 깊숙이 흘러
마침내 바다가 되신 어머니

기부

현관 앞 전단지가 오색날개를 파닥이며
유혹하는 퇴근길
겉바삭 속촉촉 치킨
쫀득하고 부드러운 돼지 족발
건강한 바디의 자신감 날씬 요가
조각 같은 식스 팩 미스터 헬스
당신의 손길이 필요합니다 결식아동 돕기

TV속에서 온 세상 맥주들이 부드러운 바디감을 자랑하며
끊임없이 거품을 흘려보내고 거품에 현혹되어 혀가 머리보
  다 먼저
풍덩 거품의 바다로 빠진다

켜켜이 쌓인 뱃속 지방은 제로를 외치지만
지구의 탄소 제로만큼 난해해지고
목마른 사막의 오아시스 같은 갈증 해소
금빛 아데니움이 아늑한 거품으로 표류하는 저녁

빨갛게 뜬 달이 푸르르 푸르르 양귀비처럼 몸을 흔들며
촉촉하고 바삭하게 달궈지는 동안 쫀득해 지는 바디는
순간 천사의 옷을 갈아입는다

감사합니다 소중한 곳에 쓰겠습니다
황금색 거품처럼 부드러운 따뜻한 기부

목포역전 별다방 미쓰김

어쩌면 그녀는 안나였는지 모른다 매기라고 부르긴 했지만
역전을 서성이며 미쓰김이 판 것은 물이 아니다
강인지 바다인지 모호한 물길을 따라 썰물이었다가 밀물이
 었다가
서러운 비린내만 쌓이는 늦저녁
꿈을 밀수하러 행려병자처럼 바닷가를 서성인다

사람 말은 쇠도 녹인다며 꽃을 따다 받치던 노인이
백성을 모아 막대기를 치며 부르던 해가는
양은 삼발이 막걸리 상에 젓가락 장단으로 가라앉고
사라진 용은 전단지에서 반짝이는 나이트가운을 입고
랜드 마크 펜트하우스 에어컨 바람에 얼어 있다

태풍이 우르릉 쾅쾅 핫핫 귓속을 울리고
블루스같이 비린 인생이 헤비메탈로 팡팡 터지는 날
뺑튀기 같은 스잔이 혼혈아에서 다문화 글로벌이 되는
눈물을 섞어 팔았다

양귀비꽃이 무지개 색으로 몸을 흔드는 동안
밀거래한 꿈은 진부화에 도태되어 조개선창에 껍데기로 쌓
 이고

옛날의 금잔디 같은 매기의 꿈은 사라지고
스잔은 수진으로 살기로 했다

부조

바다에서 떠밀려 온 죽은 선원의 눈을 파먹는 갈매기 뒤통수가 눈처럼 희다
읽어야 할 사연들은 해파리처럼 음흉하고 간을 뺏긴 토끼처럼 허허롭다
한발 내디딜 때마다 질펀한 갯벌의 음탕한 유혹에 빠져 쑤욱 손을 내밀면
흐느적거리던 낙지가 발을 뻗고 아우성치다 미끈한 암흑을 쏟아낸다

각진 파도귀퉁이에서 술집 작부의 호사스런 웃음은 포말로 부서지고
밀려오는 것들은 모두 속이 빈껍데기뿐이다
바닷가 오두막 등 굽은 어부는 빈 소라로 출정의 나발을 불고
찢겨진 살점들이 마약처럼 꼬리를 흔드는 낚싯바늘에 눈먼 욕망들이
줄줄이 제 살을 파먹으며 육지에 몸을 싣는 새벽

불을 마신 해골이 고드름 같은 유혹을 녹이는 동안
세이렌들의 노랫소리는 배전을 뒤흔들며 울려 퍼지고
돛대에 묶인 밧줄이 사악한 웃음을 뿌리며 바다를 건넌다

부서진 햇살이 칼날처럼 쏟아지는 정오
낮잠에 취한 맹그로브 숲은 단맛을 만들어 내며
순진한 투명을 가장하고 거들먹거리는 해풍을 불러들이면
승리에 도취한 방정맞은 쾌락이 느슨하게 침전한다

보부아르처럼 늙어 가는 법

꼭 저희 엄마 같으세요
보부아르는 혼란스러웠고 배신감을 느꼈다
언젠가부터 친구였던 시간이 음모를 꾸미고 있었다
나이와의 충돌은 내면화 되지 못하고
사람들 이해의 대상으로 남는 것이다

무에서 태어났지만 죽음은 절대적 무無일 수 없기에
노인으로 노인을 연기하며 사는 건 비 효율적이다
이해할 수 없는 것을 내면화하는 작별을 고하고
자유로 여행을 구속받지 않는 여행을 떠난다

노화에 대한 지침서와 모델은 고장난 라디오일 뿐
매일 아침 거울을 보며 승산 없는 싸움을 벌일 필요 없다
젊음이 만들어 놓은 노화의 슬픈 인성을 부수지 않으면
돈 쓰는데 신중한 청년은 투덜거리는 수전노가 되고
의지가 강했던 젊은 여성을 짜증나는 고집 센 할머니가 된다

늙은 철학자들은 노년에 침묵한다
철학자들은 삶을 질문하고 해답을 생각하며 장수를 한다
소크라테스는 아흔넷에 자신의 가장 유명한 작품을 썼고

아흔아홉에 죽었다
나이듦의 철학은 무르익은 기회로 돌아오고
숨소리는 더 좋아지고 대화는 즐거워진다
통제에서 수용의 방향으로 무게중심이 이동한다

* 『소크라테스 익스프레스』를 읽고

검은 봉다리의 비밀

검은 봉다리 속에는 감추고 싶은 무언가가 있다
5·18민주화운동이라는 이름이 붙기 전 그것은 조금
불온함이 물기가 묻은 채로 목포로 왔다
아버지의 검은 봉다리 속에는 비상사태를 인지한 담배가
각을 세우고 포진하고 있었다

어머니가 검은 봉다리의 비밀을 알고 쌀집에 도착했을 때
발 빠른 몇이 이미 줄을 만들고 있었다
집안에 검은 봉다리가 쌓이면서 불안도 같이 쌓였다
싸이렌이 울리고 알 수 없는 경계가 해제된 후
부모는 자식을 잃고 자식은 부모를 잃었다고 한다

비

마른 먼지를 다독이며 비가 내린다
양철지붕을 두드리는 엇박자
양은 대야 부대끼는 소리
고무통 끄는 소리
기다림에 바짝바짝 입술 마른 나무들
냠냠 입맛을 다시는 소리를 듣는다

어머니의 주름마냥 깊게 패인
지붕골을 타고 내려오는 빗물
한 방울도 쉬이 흘려보내지 않고 받아내며
흡족해 하시던 얼굴에는
능선처럼 고운 웃음이 서렸지

첨벙첨벙 뛰다가 입 벌리면
어느새 입속은 작은 옹달샘이 되고
풀잎들이 몸단장하며 까르르 웃는 소리는
빗물을 따라 가다 바다가 되었지

푸른 소나무가 마른 등을 적시고
풀잎들도 한 뼘 키를 키우는 소박한 오솔길
어머니는 연초록 풀잎옷을 지어 입고 계셨다

우산

젊은 사람들은 거의 떠나고 없는
친정동네로 그가 이사 왔다.
정년퇴임했다고 하지만
그는 어느 공사장 막노동판에서 평생을 보낸 사람 같았다
　사실이 그랬다
하지만 동네사람들은 정년퇴임이 큰 회사를 다니거나
공무원만 쓰는 말로 오해하고 거짓말일 거라고 하며
말을 섞는 사람이 별로 없었다
그의 살림은 단촐했다
세탁기, 냉장고, 가스렌지는 있었지만 흔한 TV도 없었다
단지 색다른 건 전축과 오래된 레코드판들뿐이었다
'요즘은 쓰도 않는 걸 어디서 주웠다 놨누'

어느 날부터인가 그는 동네 산책을 나가면
살이 휘어지거나 버튼이 고장난 버려진 우산들을 주워 모
　으기 시작했다
고물을 주워서 파나? 이야기 거리가 없는 사람들은
물든 노을을 보며 파도 같은 이야기들을 나누었다

소나기가 후두둑 후두둑 쏟아지던 날
'우산 무료'

새 우산은 아니지만 말짱합니다
비 오는 날 우산이 없으면 모두들 그의 대문 앞으로 달려갔다
항구에 살았던 그는 어릴 때 우산이 없어 비닐을 쓰고 학교에 갔었는데
하필 생선 담았던 비닐이었다

요즘 그는 아이들 장난감도 잘 고친다.

할머니집

엄마! 할머니 집은 왜 이렇게 헐었어?
응, 할머니랑 같이 늙어 간단다
할머니랑
할아버지보다 더 오래 살았단다
그래서 할머닌 할머니처럼 늙은 집이 좋단다
고쳐드린 데도 같이 동무해 늙어 간다고
서로 아픈 곳 자랑하며
잘 살았다고 위로하며 웃는단다
그리고 혼자 젊어지지 말라고
눈 흘기고는
갈 때 같이 가자고 으름장을 놓곤 하신다는구나

수장水葬

산을 넘어 온 미풍에 현혹되어 껍질을 깨뜨렸다
킬리만자로를 넘어 온 바람의 달착지근한 유혹
은근한 태양은 지칠 줄 모르는 탄자니아

까맣게 달구어져 푸른 잎사귀로 피어
탄자니아 여인의 매혹적인 입술과
봉긋 솟은 가슴에 호흡이 거칠어지는 밤
산정에 높이 올라 별 같은 눈물을 하늘에 묻고
야망에 찬 도시의 불빛을 그리워하다
사랑만큼 고독해져서 메마른 땅 딛고
거센 폭풍을 딛고 슈프리모로 다시 태어난다

Anger in us
America No

죽로차

죽로차 다리는 마음 시린 계절
부뚜막 동자승은 꾸벅꾸벅 졸고
스님의 염불 듣고 이슬 먹고 자란 차

타다닥 나무는 타서 재가 되고
톡톡톡 맑은 이슬은 마음을 비우는 비약
고적한 퉁소 소리 선비의 기개를 듣는다

째즈 콘서트

째즈꽃이 피었습니다

Fly me to the moon
하늘에서는 비가 오듯 폭탄이 쏟아지고 있어요
무적에 탱크가 사람을 깔고 지나가고 있어요
나를 달로 데려가 줘요

Let me see what spring is like
물살을 가르며 헤엄쳐요
수초들이 부드럽게 내 몸을 감싸고 있어요
전쟁에서 팔을 잃은 리엔은 냇가에 두발을 담가요
봄이 어떤 느낌인지 알고 싶어요

Fill my heart with song
전쟁은 끝났어요
엄마처럼 자장가을 불러줘요
이제는 평화를 노래해요
내 마음을 노래로 채워줘요

I love you
전쟁의 폐허 속에서도 잊지 말아요

당신이 뛰놀던 어린 시절 숲을
당신을 사랑해요

* 째즈: 재즈
* Fly me to the moon 오징어 게임에 삽입된 째즈 곡

4부

참새 카페

후드득후드득
슬레이트 지붕을 두드리며 내리는 소리에 놀라
참새들이 모두 숨었다
그 많던 참새가 모두 어디로 갔을까
나뭇가지를 보아도 흔적이 없다
늙은 나무에도 구멍하나 없는데
모두 어디로 갔을까

햇살이 비치자
흙담을 덮은 슬레이트 지붕 밑에서
포롱포롱 소리가 나더니
어느새 한 마리씩 고개를 내밀다
몸을 비틀어 나오더니
우르르 하늘을 난다

돌각담은 참새들의 카페

아버지

항해를 끝내고 빈 배로 떠 있는 아버지
삐그덕거리는 심장에 돛을 내리고
풍화된 눈으로 내다보는 여윈 바다

오늘도 항해일지는 바다를 기록하고
뜨겁던 바다는 소금 같은 눈물을 만들어
등 돌린 늙은 어부를 따뜻이 껴안는다

북항

북항은 늘 밀항을 떠올리게 한다
눈발이라도 날리는 날이면
손에 잡힐 듯한 섬들이 짭짤한 유혹을 흘려 보낸다
저무는 바다에 붉게 노을이 깔리면
노란 갈매기처럼 바다를 선회하다
어느 이름 없는 섬으로 밀항한다

하쿠나 마타타 하쿠나 마타타

파도만 아는 벼랑 끝 동굴 속에
스무 살에 떠난 사랑하나 별처럼 새겨져있다
밀항을 꿈꾸기 좋은 나이였지
스물에서 다시 스물이 되어
첫눈은 늘 당신을 생각할 때만 내린다
바다를 떠돌던 물길이 머물다 무심히 떠난다
떠난 물을 섞이고 섞여서 머물렀던 섬을 잊는다
그래 북항은 밀항하기 좋은 항구야

* 하쿠나 마타타는 말 그대로 옮기면 '문제없다'라는 뜻이다. 이 표현은 라이온킹 애니메이션에도 사용되었으며 한국어로 "근심 걱정 모두 떨쳐버려."로도 더빙되어 있다

풋감

서둘러 온 추위 탓인가
제 몸 안의 고행을 견디지 못한 탓인가
단맛을 채우지 못하고 지상으로 추락
더 나은 미래란 공중에서 위태로움을 견디는 것

몸서리치는 불완전을 견디는 새벽
한쪽으로 기울어진 북극성은 빛을 바래고
어제와도 같은 오늘의 위도
간극은 미미한 것

웃자란 불온함을 끈기로 털어내며
굴러 떨어지는 시간을 어깨로 밀어 올리는 시간
견고한 욕망을 무욕으로 가장하며
변절의 시대에 정갈한 피안을 꿈꾼다

꽃의 전생

하루가 어룽어룽하다가 말랑해지더니 어느새 눅눅해진다

비탄에 빠진 진눈깨비들이 검은 나무에 젖어든다

검게 움츠린 비극의 촉수들이 때를 놓치지 않는다

무너져 내린 돌담에 기대 바람이 자란다

혼곤한 가지들은 저마다의 핑계로 돌아누워 꽃을 탓한다

공간이 기울어진다 공간이 그늘을 흡수하기 전

아무렇지 않게 깨어진 공간 사이로 잎이 돋는다

봉인된 여름에게 푸른 피를 수혈 받는다

색 없이 떠돌던 부랑자들의 도시에 나비가 가쁜 숨을 뿌리고

눈살을 찌푸리며 햇살과 꽃의 전생을 이야기하는 동안 꽃이 핀다

고향은 없다

대숲에 장대비가 타닥타닥 내리면
푸른 잎 더욱 짙고
목마른 찻잎들 이슬을 삼키고
까만 손 내밀고 올라오던 죽순들
죽창을 쥐고 붉은 머리띠 두른 장수를 얘기하던 할머니

볏짚 둥글게 말아 고를 만들던 할아버지
줄패장되어 고위에 올라 호령하고
떡 찌는 김 하얗게 오르고
마을 가득 울려 퍼졌지

이편한 세상
푸르지오
아파트들이 숲같은 이름을 달고
키를 키워 집을 짓고
사람들도 새처럼 공중에다 둥지를 틀고
문패는 구름처럼 떠 있었지

아이들은 날개를 달고 집으로 들었다가
아파트에서 졸다 해가 뜨면
채 마르지 않은 날개를 펴고 허공으로 날아가지

프랑켄슈타인

책임 없는 광기가 만들어낸 자유란 쓸모없는 선물
삶의 잔에는 이미 보이지 않는 독이 퍼져 있다
엄청난 파도는 희롱하며 부시지고
이름을 갖지 못한 꽃은 검게 타들어간다

잔잔한 물결
신선한 바람
밝은 햇살도
이름을 버린 가면일 뿐
타는 듯한 고난의 전주곡은 목을 조여오고
어떤 빛도 뚫고 들어오지 못한다

눈 뜬 이를 가장 잘하는 사람은
눈 감은 이
눈을 뜨고 보는 것은 보고 싶은 것만 보고
귀먹은 자는 촉수를 세워 꽃을 노래하는데
쓸모없는 자유는 파도의 거품과 같다

백년보다 긴 하루

늙은 낙타가 불경을 되새김질하며 사막을 되돌아오는 동안
지지 않는 해는 동에서 서로 흘러가고
흰 독수리는 원을 그리며 만가를 부른다
허기진 암여우는 말라붙은 도랑을 따라 돌고
서러움은 모래처럼 바스락거리다 잠긴다

놓아버린 침묵이 길어져 어긋난 인연의 끈으로
뜨거운 열반의 호명에도 따라 나서지 못한
봄은 불안하고 추웠다

여기서는 모든 거리가 철도로 재어진다 그리니치 본초 자오선으로부터
경도가 정해지듯……
그리고 기차들은 동쪽에서 서쪽으로, 서쪽에서 동쪽으로 지나간다

사막의 푸른 뱀이 모래를 헤치며 물을 찾는 동안
사막에는 소금 같은 서리가 내리고
곤궁하고 우울한 계절을 견딘 이가 자연의 품으로 돌아가는 동안에도
덜컹이는 굉음

타는 듯한 냄새
숨 막히는 먼지로 대기를 채우며 기차는 돌진한다

* 친기즈 아이뜨마또프의 『백년보다 긴 하루』를 읽고 쓴 글

카톡 홍수

70세에 가까운 어머니의 핸드폰을 가끔 정리해 드리곤 한다
문자 99+
카톡 999+
밴드 999+

쓸모없는 광고문구나
정치인의 인사말 의정활동 보고도 많지만
꼭 챙겨야 할 경조사 연락이 도착했다가
이미 끝난 경우가 많다

경조사 내용을 알려드리면
오메 거기는 꼭 가 봤어야 되는데
전화라도 하제마는
어머니는 안타까워하시며
예전에는 전화하고 찾아와서 말해 줬는데
요즘은 밴드니 카톡이니 문자로 보내니
시끄럽고 눈 아파 볼 수가 없다고 하신다

애경사가 있을 때
전화 목소리를 듣고
손잡고 아파하고 즐거워해 주었던 날들은

카톡 카톡 카톡
띵동 띵동 띵동
홍수에 빠져 헤어나지 못하고 있다

관계

바람이 불면 사물은 제각기 소리를 낸다
크고 웅장하게
둔탁하게
맑고 청아하게
작고 여리게
오케스트라의 협연처럼

악기는 다른 악기의 작은 소리를 타박하지 않는다
큰 소리는 막힌 곳을 뚫어주고
맑은 소리는 눈물 나게 해주고
작은 소리는 침묵을 가르친다
오래된 고목처럼

내 몸의 악기들도 소리를 낸다
소곤소곤
끄덕끄덕
그래그래
안아주고 보듬어 주는 소리다

조용히 귀 기울인다
마음의 폐허

인생은 살 만한 가치가 있다

소심하다고 폄하하지 않고
크고 소란스럽다고

더 일할 수도 더 놀 수도 누군가를 더 사랑할 수 없게 되었
　을 때
조금의 아쉬움을 남긴 채 떠나면 된다
대나무 숲을 쓸어가는 바람소리
휴대전화에 자주 뜨는 부고는 내가 중년이 되었다는 사실을
　거듭 확인해 준다
가슴이 두근거리지 않았다
설렘이 없으니 열정이 솟을 리 없었다
마음 설렘이 없는 일에 인생을 쓰고 싶지 않았다
가을 바람이 은사시나무 잎을 흔들었다

소슬바람

가을 바람이 불면
넌
푸푸푸
웃었지

한껏 들뜬 바람이
노랑을 흔들고
빨강을 유혹하는 동안

난 색깔에 대해 시를 썼지
노란 경고와
빨간 금지의 추락에 대해

넌 눈이 되어 바다에 눈 먼 강물로 마구 뛰어 들었지

철학

시 속에 철학이 들어있어야 한다고
멜겁시 감정만 한바탕 쏟아내면
그것은 시도 철학도 안 것도 아니라고

시 속에 철학을 넣으면 심오해지나
철학이 감추고 있는 이면을 알아야 한다고
시인은 고뇌하는 철학보다 가볍게 살려 하니

칸트는 스스로 세운 준칙으로 행동하며
보편적 법칙을 목적으로 행동하라는데
철학은 난감하고 시작은 오묘하다

님이 오시는지

12월에 내린 눈은 팔지 못한 몇 개의 고독과 소문을 앉고 내렸다
아파트 창문 마다 첫눈이 내린다고 눈과 눈맞춤한 이들은
지난 계절 보내지 못한 고독을 싼 값에 사기도 하고
기다리던 무엇이 온다는 소문을 듣고 설레며 서성거리기도 했지

살을 헤집고 들어온 바람에 으스스 몸을 떠는 것으로
값을 대신하고 두 손을 호호 비비며 온기를 만들며
한기를 떨쳐보지만 맨발 위에 소문들이 녹아 내렸지
동면할 자리를 찾지 못해 마른 삭정이에 군불을 지피면
싸락눈 싸락싸락 바람에 날리다 나방처럼 불속으로 뛰어 들었지

눈이 내리고 어둠이 내리면 소문은 소문 속으로 걸어 들어가고
사랑은 소설처럼 행복하게 오래오래 살았다고 밤새 눈은 내리고
어둠을 붙잡던 불빛들은 스스로 재가 되고
또 눈이 오면 소문처럼 님이 오실런지

기도

당신을 위한 나의 사랑은
라라라
노랫말은 영원히 내 곁에 함께
후렴은 오 오 오 내 사랑

나의 이별은 처음처럼 짧고
사막의 모레 폭풍 같은
후렴부만 따라 부르며 읊조리던 착각

그대여 빌게요
다음번에 사랑은
아무 아픔 없이 행복하기를

나의 기도는 늘 이루어지지 않아
쉬운 걸 기도하지 않았으니까

팽목댁

보리마당으로 가는 계단이 보릿고개를 오르는 것만큼이나
　숨이 차다
돌계단 사이에 날아 온 민들레 하나 몸을 부비며 초록하나
　내어 놓는다
방 한 칸 부엌 한 칸 부엌 한 켠에 쳐 놓은 돼지막에서
동네 쌀 구정물 받아다 먹인 돼지는
토실토실 살이 올라 춘곤증에 드러눕는다

구정물 먹인 돼지는 영자 아짐 아들 순식이 육성회비
팽목에서 시집 와 팽목댁이 된 아짐은 조합일 할 때 김영자
　라로 적고
자기이름도 낯설어 한 번 부르면 대답 못하고 재차 부르면
잊었던 이름만큼이나 머쓱해져서 '예'하고 대답했다

환경개선 사업한다고 집에서 돼지를 기를 수 없게 되어
무남독자 순식이 육성회비걱정에
긴 한숨을 토할 때 일본에서 지렁이 수입한다는 말에 한숨
　돌리고는
썰물바닥을 이 잡듯 뒤져
지렁이를 잡아다 팔았다

보리마당 오르는 계단마다 무성해진 잡풀
잡풀처럼 모진인생들이 모여 살던 때는 잡풀들은 기도 못 펴다
서러운 인생들이 가고 난 자리에 잡풀만 무성하다

섬

파도가 뚝 떼어놓은 육지 한 조각
아이스크림처럼 달달하다
시원한 바다로의 초대
때론 짭쪼롬한 바닷바람을 만나러 그곳에 가고 싶다

김모씨는 실종 중

CCTV에서는 그가 현관으로 들어간 영상은 찍혔다
그리곤 강풍을 동반한 비가 내리고 CCTV는 그와 같이 실종
무관심, 그 지독한 혐오의 다리를 건너
소급할 수 없는 이름들이 난무하다 침몰한다

맨발에 소리 없이 내려앉은 토막 난 한숨들이 우수수 쌓인다
파도 장단에 맞춰 긴 사연을 이야기하며
섬이 된다

사의재 기획시선 13

커서

1판 1쇄 인쇄일 | 2022년 3월 10일
1판 1쇄 발행일 | 2022년 3월 15일

지은이　　배인숙
펴낸이　　신정희
펴낸곳　　사의재
출판등록　2015년 11월 9일　제2015-000011호
주소　　　전라남도 목포시 용당로 331번길 88, 202동 202호
전화　　　010-2108-6562
이메일　　dambak7@hanmail.net
ⓒ 배인숙, 2022

ISBN 979-11-6716-047-8 03810

지은이와 출판사의 동의 없이 이 책의 내용 중 전체 또는 일부를 인용하거나 발췌하는 것을 금합니다.

값 10,000원